Un Poco de Dinero Extra

Paulette Durand

Paulette Durand

Página de Derechos de Autor

Datos legales y legales
Titular de los Derechos de Autor: © 2024, Roberto Albira
Año: 2024
Autor: © 2024, Paulette Durand

Primera edición

Indice

Dinero Extra?

Dos palabras que suenan muy bien, ¿verdad? Imagina que después de pagar todas tus cuentas y tus gastos habituales, aún te queda algo de dinero para disfrutar. Quizás quieras ahorrar para un viaje, pagar una deuda más rápido, o simplemente tener un colchón para emergencias. Ganar dinero extra mientras tienes un trabajo regular puede parecer difícil, pero es más factible de lo que piensas. Lo primero que debes entender es que hay muchas maneras de hacerlo, y no todas requieren grandes sacrificios de tiempo o esfuerzo. La clave está en encontrar algo que te apasione y que se adapte a tu estilo de vida.

Primero, piensa en tus habilidades y pasatiempos. ¿Tienes algún talento especial que podrías monetizar? Tal vez eres bueno con las manos y disfrutas de la carpintería, o quizás eres un maestro en la cocina y podrías vender tus deliciosos pasteles. Hay personas que ganan dinero extra simplemente compartiendo lo que aman hacer. Por ejemplo, si te gusta la fotografía, podrías ofrecer sesiones de fotos los fines de semana. Si te encanta escribir, podrías empezar un blog y eventualmente monetizarlo con publicidad o marketing de afiliación. La idea es convertir lo que ya disfrutas en una fuente de ingresos.

Otra opción popular es el trabajo freelance. Plataformas como Upwork o Fiverr permiten que ofrezcas tus servicios a una audiencia global. Si tienes habilidades en diseño gráfico, programación, redacción o traducción, puedes encontrar clientes que necesiten justamente lo que tú ofreces. Lo bueno del trabajo freelance es que puedes hacerlo en tu tiempo libre, ajustándolo a tu horario. Incluso podrías convertirlo en una pequeña empresa si ves que tienes éxito. Además, trabajar de esta manera te permite construir un portafolio y ganar experiencia, lo cual es beneficioso para tu carrera principal.

También puedes considerar vender productos en línea. Plataformas como Etsy, eBay o Amazon son excelentes lugares para empezar. Si tienes una habilidad para crear cosas, como joyería, ropa personalizada o arte, podrías abrir una tienda en línea y vender tus productos. No necesitas una gran inversión inicial; muchas veces, puedes empezar con materiales que ya tienes en casa. A medida que tu negocio crezca, podrías reinvertir tus ganancias para ampliar tu oferta. Incluso podrías comprar productos al por mayor y revenderlos a un precio más alto. Lo importante es encontrar un nicho que te apasione y donde veas una demanda.

Otra manera de ganar dinero extra es ofreciendo tus conocimientos y habilidades como tutor o instructor. Si eres bueno en matemáticas, ciencias, idiomas o cualquier otra materia, podrías dar clases particulares a estudiantes. También podrías crear cursos en línea sobre temas que dominas y venderlos en plataformas como Udemy o Teachable. La educación en línea es un campo en crecimiento, y siempre hay personas buscando aprender nuevas habilidades. Esto no solo te permite ganar dinero extra, sino también ayudar a otros a alcanzar sus metas educativas.

Si prefieres algo más flexible, podrías unirte a la economía colaborativa. Conducir para Uber o Lyft en tus tiempos libres, alquilar una habitación en tu casa a través de Airbnb, o hacer recados para otros con aplicaciones como TaskRabbit son maneras efectivas de ganar dinero extra sin comprometer tu trabajo principal. Estas plataformas te permiten trabajar cuando quieras, lo cual es ideal si tienes un horario irregular. Además, puedes conocer gente nueva y tener experiencias interesantes mientras trabajas.

Por último, no olvides las inversiones. Aunque puede sonar intimidante, invertir en acciones, bonos o bienes raíces puede ser una excelente manera de generar ingresos pasivos. Empieza con pequeñas cantidades y aprende a medida que avanzas. Hay muchas aplicaciones y plataformas que hacen que invertir sea accesible para todos, incluso si no tienes mucho dinero para empezar. Con el tiempo, tus inversiones pueden crecer y proporcionarte una fuente estable de ingresos adicionales.

Ganar dinero extra no tiene por qué ser una tarea abrumadora. Se trata de encontrar lo que funciona para ti, algo que disfrutes y que puedas hacer sin sacrificar tu bienestar. Con un poco de creatividad y esfuerzo, puedes descubrir maneras de aumentar tus ingresos y alcanzar tus metas financieras. Recuerda que cada pequeño esfuerzo cuenta y que cada paso que tomes te acerca más a la libertad financiera. Así que empieza hoy mismo a explorar tus opciones y encuentra la manera de ganar ese dinero extra que tanto deseas.

Conociéndote a Ti Mismo

Este es el primer paso y quizás el más importante cuando se trata de ganar dinero extra. ¿Por qué? Porque cuando entiendes quién eres, cuáles son tus habilidades y qué te apasiona, puedes encontrar maneras de ganar dinero que no solo sean efectivas, sino también gratificantes. Imagina hacer algo que realmente te gusta y, además, recibir un pago por ello. Suena ideal, ¿verdad? Pues bien, para llegar a ese punto, primero necesitas hacer una introspección honesta y profunda.

Empieza por pensar en lo que realmente te gusta hacer. ¿Cuáles son esas actividades que te hacen perder la noción del tiempo? Tal vez disfrutas de la jardinería, la pintura, escribir historias o cocinar. Anota todas estas actividades, sin importar lo triviales que puedan parecer. Este es tu punto de partida. Luego, pregúntate cuáles de estas actividades podrías transformar en una fuente de ingresos. Por ejemplo, si te encanta cocinar, podrías considerar vender comidas caseras, ofrecer clases de cocina o incluso empezar un blog de recetas.

A continuación, evalúa tus habilidades. No solo las habilidades que utilizas en tu trabajo actual, sino también aquellas que has desarrollado a lo largo de tu vida. ¿Eres bueno escuchando a los demás y dando consejos? Tal vez podrías ofrecer servicios de coaching o asesoramiento. ¿Tienes un don para la organización y la planificación? Podrías ayudar a otros a organizar sus eventos o incluso sus vidas. Haz una lista de todas tus habilidades y luego piensa en cómo podrías usarlas para ganar dinero extra.

Ahora, considera tu personalidad. ¿Eres una persona extrovertida que disfruta interactuando con otros, o prefieres trabajar en soledad? Esto es importante porque no todas las oportunidades de ganar dinero extra son adecuadas para todos. Si eres una persona sociable, podrías disfrutar trabajando como guía turístico, organizando eventos o incluso vendiendo productos en ferias y mercados. Por otro lado, si prefieres la tranquilidad, tal vez trabajar en línea como escritor freelance, diseñador gráfico o programador sea más adecuado para ti.

Una vez que tengas claro lo que te gusta hacer, en qué eres bueno y qué tipo de trabajo se adapta a tu personalidad, es hora de hacer una investigación. Busca en internet y en tu comunidad oportunidades que se alineen con tus intereses y habilidades. Lee historias de personas que han logrado ganar dinero extra de maneras similares a las que estás considerando. Esto no solo te dará ideas, sino también te inspirará y te mostrará que es posible.

No te olvides de considerar tus valores y tus metas a largo plazo. Ganar dinero extra no debería significar comprometer lo que es importante para ti. Si valoras pasar tiempo con tu familia, busca maneras de ganar dinero que no requieran largas horas lejos de casa. Si tu objetivo a largo plazo es ahorrar para un viaje o una casa, elige actividades que te permitan alcanzar esa meta de manera efectiva.

Además, es crucial ser realista acerca de tu tiempo y energía. Todos tenemos limitaciones, y es importante reconocerlas. Si ya tienes un trabajo a tiempo completo, piensa en cuánto tiempo realmente puedes dedicar a una actividad adicional sin agotarte. Es mejor empezar de a poco y aumentar gradualmente el tiempo y el esfuerzo que dedicas a ganar dinero extra. Recuerda, la clave es encontrar un equilibrio que te permita disfrutar de la vida mientras aumentas tus ingresos.

Por último, pero no menos importante, mantén una actitud positiva y abierta. Emprender algo nuevo siempre viene con desafíos, pero también con muchas oportunidades de aprendizaje y crecimiento. No te desanimes si no ves resultados inmediatos. La perseverancia y la paciencia son esenciales. Mantén tu mente abierta a nuevas ideas y no tengas miedo de hacer ajustes en el camino. Con el tiempo, encontrarás la mejor manera de ganar dinero extra que se alinee con quién eres y lo que amas hacer.

En resumen, conocerte a ti mismo es el primer paso crucial para ganar dinero extra de una manera que sea gratificante y sostenible. Al entender tus pasiones, habilidades y personalidad, y al considerar tus valores y metas, podrás identificar oportunidades que no solo te proporcionen ingresos adicionales, sino que también enriquezcan tu vida. Así que toma un momento para reflexionar sobre quién eres y lo que realmente quieres. Este autoconocimiento te guiará en el camino hacia ganar dinero extra de una manera que te haga feliz y te llene de satisfacción.

Freelance y Consultoría

Freelance y consultoría son dos maneras efectivas y flexibles de ganar dinero extra, especialmente si ya tienes un trabajo a tiempo completo. Estas opciones te permiten aprovechar tus habilidades y conocimientos en tu tiempo libre, generando ingresos adicionales sin necesidad de comprometer tu empleo principal. Lo mejor de todo es que puedes hacerlo desde la comodidad de tu hogar, a tu propio ritmo, y adaptándolo a tu horario.

El freelance, también conocido como trabajo independiente, consiste en ofrecer servicios a clientes sin estar vinculado a una empresa en particular. Una de las mayores ventajas del freelance es la variedad de campos en los que puedes trabajar. Si tienes habilidades en diseño gráfico, redacción, programación, marketing digital, traducción o incluso en tareas administrativas, hay una gran demanda para estos servicios en plataformas como Upwork, Freelancer y Fiverr. Para comenzar, primero debes identificar tus habilidades más fuertes y crear un perfil en una o varias de estas plataformas. Describe detalladamente tus servicios, muestra ejemplos de tu trabajo anterior si es posible, y establece precios competitivos. No te desanimes si al principio no consigues muchos proyectos; con perseverancia y buenas valoraciones de tus primeros clientes, tu reputación irá creciendo.

Por otro lado, la consultoría es otra excelente opción para ganar dinero extra, especialmente si tienes una experiencia considerable en un campo específico. Como consultor, ofreces tu conocimiento y asesoramiento a empresas o individuos que necesitan ayuda en áreas en las que tú eres experto. Puede ser cualquier cosa, desde estrategias de negocio, mejoras en procesos, asesoramiento en tecnología, recursos humanos, finanzas personales, hasta la implementación de nuevas políticas y prácticas. Lo primero que debes hacer es identificar tu área de expertise y luego promocionarte a través de tu red de contactos profesionales, redes sociales como LinkedIn, y tu propia página web si tienes una. Es útil ofrecer algunas consultas iniciales gratuitas o a un precio reducido para atraer a tus primeros clientes y demostrar tu valor.

Tanto el freelance como la consultoría tienen sus propios desafíos. La competencia puede ser alta y a veces puede ser difícil encontrar clientes, especialmente al principio. Sin embargo, hay estrategias que puedes usar para destacarte. Mantén siempre tu portafolio actualizado, pide a tus clientes satisfechos que te dejen reseñas positivas, y nunca subestimes el poder de las recomendaciones boca a boca. Además, sigue formándote y actualizándote en tu campo; los cursos en línea y webinars son excelentes recursos para mantenerte al día y mejorar tus habilidades.

Organización y gestión del tiempo son esenciales cuando trabajas como freelance o consultor, especialmente si estás equilibrando estos proyectos con un trabajo a tiempo completo. Establece un horario claro para tus tareas freelance o de consultoría y trata de ser lo más disciplinado posible. Usa herramientas de gestión de proyectos como Trello o Asana para mantener un seguimiento de tus tareas y plazos. Además, asegúrate de comunicarte de manera efectiva con tus clientes; mantén actualizados a tus clientes sobre el progreso de los proyectos y sé claro sobre los tiempos de entrega y expectativas.

En términos de ingresos, el trabajo freelance y la consultoría pueden ser muy lucrativos. Dependiendo de tu experiencia y la demanda de tus habilidades, podrías ganar desde unos pocos cientos hasta varios miles de dólares al mes. Es importante fijar tarifas justas que reflejen tu nivel de experiencia y el valor que aportas, pero también ser competitivo. Investiga cuánto cobran otros profesionales en tu campo y ajusta tus tarifas en consecuencia. No tengas miedo de aumentar tus precios a medida que ganes más experiencia y construyas una sólida reputación.

Finalmente, una de las grandes ventajas del freelance y la consultoría es la flexibilidad que ofrecen. Puedes trabajar desde cualquier lugar, siempre y cuando tengas una conexión a internet y las herramientas necesarias para realizar tu trabajo. Esto te permite manejar mejor tu tiempo y equilibrar tus responsabilidades laborales con tu vida personal. Además, a medida que desarrollas tu base de clientes y construyes relaciones sólidas, puedes empezar a recibir trabajos recurrentes, lo que proporciona una fuente de ingresos más estable.

En resumen, el freelance y la consultoría son excelentes maneras de ganar dinero extra utilizando tus habilidades y conocimientos. Requieren dedicación, organización y una buena dosis de paciencia, pero las recompensas pueden ser significativas. Al trabajar en proyectos que te apasionan y ayudar a otros con tu experiencia, no solo ganarás dinero adicional, sino que también encontrarás una gran satisfacción personal. Así que, si estás buscando una manera flexible y efectiva de aumentar tus ingresos, considera seriamente el trabajo freelance o la consultoría.

Monetiza Tus Hobbies

Monetizar tus hobbies es una manera fantástica de ganar dinero extra mientras disfrutas de lo que más te gusta hacer. Muchas veces, nuestros pasatiempos pueden parecer solo actividades recreativas, pero con un poco de creatividad y esfuerzo, pueden transformarse en fuentes lucrativas de ingresos. Ya sea que disfrutes de la fotografía, la cocina, la jardinería, la escritura o cualquier otra actividad, hay maneras de convertir estas pasiones en dinero. Este capítulo te mostrará cómo hacerlo de manera efectiva y sencilla.

Primero, identifica cuál de tus hobbies tiene el potencial de generar ingresos. Haz una lista de todas las actividades que disfrutas y en las que tienes habilidades. Piensa en aquellas que podrían ser útiles o entretenidas para otras personas. Por ejemplo, si te encanta hornear, podrías vender tus productos en mercados locales o en línea. Si disfrutas de la fotografía, podrías ofrecer sesiones fotográficas o vender tus fotos a través de plataformas como Shutterstock o Etsy. Si eres bueno pintando, considera vender tus obras o incluso dar clases de arte.

Una vez que hayas identificado un hobby que deseas monetizar, investiga el mercado. Mira cómo otras personas están ganando dinero con actividades similares. Esto te dará una idea de lo que funciona y lo que no. Busca en internet, en redes sociales y en comunidades en línea para ver ejemplos y recoger ideas. Además, investiga los precios que otros están cobrando por productos o servicios similares para que puedas fijar tus precios de manera competitiva.

El siguiente paso es establecer una presencia en línea. Hoy en día, tener una presencia digital es crucial para cualquier tipo de negocio. Crea perfiles en redes sociales populares como Instagram, Facebook y Pinterest, donde puedas compartir tu trabajo y atraer a potenciales clientes. Si vendes productos, considera abrir una tienda en línea en plataformas como Etsy, eBay o Amazon Handmade. También es útil tener un sitio web propio donde puedas mostrar tu portafolio, ofrecer información sobre tus servicios y permitir que los clientes te contacten fácilmente.

Para atraer clientes, necesitas promocionar tu trabajo. Usa las redes sociales para mostrar lo que haces, comparte historias y detrás de escenas para conectar con tu audiencia. Publica regularmente y usa hashtags relevantes para llegar a más personas interesadas en tu hobby. Si te sientes cómodo, considera hacer videos en YouTube o TikTok donde muestres tus habilidades y ofrezcas tutoriales. Esto no solo atraerá a clientes, sino que también te establecerá como un experto en tu campo.

Otra estrategia efectiva es participar en mercados locales, ferias de artesanías o eventos comunitarios donde puedas vender tus productos o promocionar tus servicios. Estos eventos son excelentes oportunidades para conectarte cara a cara con potenciales clientes y obtener retroalimentación directa sobre tu trabajo. Además, llevar tarjetas de presentación y folletos puede ayudar a que las personas recuerden tu negocio y te contacten más tarde.

La calidad es clave cuando monetizas un hobby. Asegúrate de ofrecer productos o servicios de alta calidad que satisfagan a tus clientes. Esto no solo te ayudará a ganar dinero, sino que también fomentará las recomendaciones de boca a boca y las revisiones positivas en línea, que son cruciales para el crecimiento de tu negocio. Siempre busca mejorar y perfeccionar tus habilidades. Toma cursos, lee libros y mantente al tanto de las tendencias en tu área para asegurarte de que estás ofreciendo lo mejor.

Es importante gestionar bien tu tiempo cuando monetizas un hobby, especialmente si también tienes un trabajo a tiempo completo. Establece un horario que te permita dedicar tiempo suficiente a tu hobby sin comprometer tus otras responsabilidades. Planifica tus días y semanas con anticipación, y establece metas claras y alcanzables para mantenerte enfocado y motivado. Utiliza herramientas de gestión del tiempo y aplicaciones de productividad para ayudarte a mantener el control de tus tareas y plazos.

Finalmente, mantén la pasión y disfruta del proceso. Monetizar un hobby puede ser una experiencia increíblemente gratificante, pero también puede ser un desafío. Habrá momentos en los que las cosas no salgan como esperas, pero no te desanimes.

Recuerda por qué empezaste en primer lugar: porque disfrutas de lo que haces. Mantén esa pasión viva y permítele impulsarte hacia adelante. Aprende de tus errores, celebra tus éxitos y sigue adelante con determinación.

En resumen, monetizar tus hobbies es una excelente manera de ganar dinero extra mientras haces lo que amas. Identifica el hobby adecuado, investiga el mercado, establece una presencia en línea, promociona tu trabajo, participa en eventos locales, ofrece calidad, gestiona tu tiempo eficientemente y, sobre todo, mantén la pasión. Con estos pasos, podrás convertir tu pasatiempo en una fuente de ingresos gratificante y sostenible.

Enseña lo que Sabes

Enseñar lo que sabes es una forma maravillosa de ganar dinero extra mientras ayudas a otros a aprender y crecer. Todos tenemos conocimientos y habilidades que hemos adquirido a lo largo de nuestra vida, ya sea a través de nuestra educación, experiencias de trabajo o pasatiempos. Compartir este conocimiento con otros no solo es gratificante, sino que también puede ser una fuente lucrativa de ingresos. En este capítulo, exploraremos cómo puedes convertir tus habilidades y conocimientos en oportunidades de enseñanza rentables.

Primero, identifica qué sabes hacer bien y qué podrías enseñar a otros. Piensa en tus áreas de experiencia y en las habilidades que dominas. Puede ser cualquier cosa, desde tocar un instrumento musical, cocinar platos específicos, hablar un idioma extranjero, hasta habilidades más técnicas como la programación, el diseño gráfico o la contabilidad. La clave es elegir algo que te apasione y en lo que te sientas cómodo enseñando a otros.

Una vez que hayas identificado tu área de enseñanza, decide cómo quieres compartir tu conocimiento. Hay varias formas de hacerlo, dependiendo de tus preferencias y del tipo de público al que quieras llegar. Puedes optar por clases presenciales, clases en línea, talleres, seminarios, tutorías individuales o incluso la creación de cursos en línea. Cada formato tiene sus propias ventajas. Las clases presenciales te permiten interactuar cara a cara con tus estudiantes y ofrecer una experiencia más personalizada, mientras que las clases en línea y los cursos te permiten llegar a un público más amplio y trabajar desde cualquier lugar.

Para empezar a enseñar, necesitarás preparar tu material de enseñanza. Esto incluye planificar tus lecciones, crear presentaciones, guías de estudio, ejercicios prácticos y cualquier otro recurso que pueda ayudar a tus estudiantes a aprender de manera efectiva. Asegúrate de que tu material sea claro, organizado y fácil de seguir. Si estás creando un curso en línea, también necesitarás grabar tus lecciones en video y editar el contenido para que sea profesional y atractivo.

Promocionar tus clases es un paso crucial para atraer estudiantes. Usa las redes sociales para anunciar tus clases y compartir testimonios de estudiantes anteriores. Si tienes un sitio web, crea una sección dedicada a tus servicios de enseñanza, donde las personas puedan encontrar información detallada sobre tus clases, leer reseñas y ponerse en contacto contigo. Plataformas como YouTube, Facebook, Instagram y LinkedIn son excelentes para promocionar tus habilidades y llegar a un público más amplio. También puedes considerar la publicidad paga para llegar a más personas interesadas en aprender lo que ofreces.

Otra opción para enseñar lo que sabes es unirte a plataformas de enseñanza en línea como Udemy, Coursera, Skillshare o Teachable. Estas plataformas te permiten crear y vender tus cursos a una audiencia global. Una vez que tu curso está publicado, la plataforma se encarga de la promoción, la gestión de los estudiantes y los pagos, permitiéndote concentrarte en la creación de contenido de calidad. Estas plataformas también suelen ofrecer recursos y guías para ayudarte a crear cursos exitosos.

El boca a boca es una herramienta poderosa para atraer nuevos estudiantes. Pide a tus estudiantes actuales y anteriores que recomienden tus clases a sus amigos y familiares. Las reseñas y testimonios positivos son cruciales para construir una buena reputación y atraer más estudiantes. Asegúrate de pedir retroalimentación después de cada clase para saber qué estás haciendo bien y en qué áreas puedes mejorar.

Además, considera ofrecer algunas clases gratuitas o seminarios web para atraer a nuevos estudiantes. Estos eventos gratuitos permiten a las personas probar tus clases sin compromiso y pueden conducir a inscripciones pagadas. Es una excelente manera de demostrar tu experiencia y enganchar a posibles estudiantes.

La calidad de tu enseñanza es esencial para el éxito a largo plazo. Asegúrate de ser paciente, comprensivo y claro en tus explicaciones. Adapta tu estilo de enseñanza a las necesidades y habilidades de tus estudiantes para que todos puedan seguir el ritmo y aprender de manera efectiva. Mantente actualizado en tu campo y sigue aprendiendo nuevas técnicas y conocimientos que puedas compartir con tus estudiantes.

Finalmente, organiza bien tu tiempo para equilibrar tus clases con otras responsabilidades. Establece un horario claro y comunícalo a tus estudiantes. Usa herramientas de gestión del tiempo y calendarios para mantener un seguimiento de tus clases y asegurarte de cumplir con tus compromisos. La buena organización es clave para ofrecer una experiencia de aprendizaje positiva y mantener la satisfacción de tus estudiantes.

En resumen, enseñar lo que sabes es una manera enriquecedora y efectiva de ganar dinero extra. Identifica tus habilidades, elige el formato de enseñanza adecuado, prepara tu material, promociona tus clases, y ofrece una enseñanza de calidad. Con dedicación y pasión, podrás convertir tus conocimientos en una fuente valiosa de ingresos y hacer una diferencia en la vida de tus estudiantes.

Emprendimientos Pequeños y Locales

Emprender un negocio pequeño y local puede ser una excelente manera de ganar dinero extra mientras te involucras en tu comunidad. Los emprendimientos locales tienen la ventaja de permitirte establecer relaciones cercanas con tus clientes, entender mejor sus necesidades y adaptar tu oferta de manera directa. Ya sea que desees abrir una pequeña tienda, ofrecer servicios en tu barrio o crear productos hechos a mano, los negocios locales pueden ser muy gratificantes y lucrativos. En este capítulo, exploraremos cómo puedes iniciar y gestionar un pequeño emprendimiento local de manera efectiva.

Primero, es importante identificar una idea de negocio que sea viable y que se ajuste a tus habilidades e intereses. Piensa en los problemas o necesidades que has notado en tu comunidad. Tal vez hay una demanda no satisfecha de ciertos productos o servicios. Por ejemplo, podrías abrir una tienda de comestibles especializada en productos orgánicos si notas que las opciones en tu área son limitadas. O quizás podrías ofrecer servicios de jardinería, reparación de electrodomésticos, o clases de yoga si tienes las habilidades necesarias. La clave es encontrar una idea que resuene con la gente de tu localidad y que aproveche tus puntos fuertes.

Una vez que tengas una idea clara, realiza una investigación de mercado para entender mejor a tu competencia y a tus potenciales clientes. Visita negocios similares en tu área, conversa con los dueños y observa cómo operan. Pregunta a tus amigos, familiares y vecinos qué opinan sobre tu idea y si estarían interesados en tus productos o servicios. Esta información te ayudará a refinar tu concepto y a asegurarte de que hay una demanda real para tu negocio.

El siguiente paso es crear un plan de negocios sólido. Un buen plan de negocios debe incluir una descripción detallada de tu idea, un análisis de mercado, una estrategia de marketing, un plan operativo y proyecciones financieras. Este documento te servirá como una hoja de ruta y te ayudará a mantenerte enfocado en tus objetivos. Además, un plan de negocios bien elaborado es esencial si planeas buscar financiamiento externo, ya que los bancos y los inversores querrán ver que has pensado detenidamente en todos los aspectos de tu emprendimiento.

Financiar tu emprendimiento puede ser uno de los mayores desafíos al comenzar. Si no tienes suficiente capital propio, considera las opciones de financiamiento disponibles. Puedes solicitar un préstamo bancario, buscar inversores locales, o incluso lanzar una campaña de crowdfunding. Además, algunas comunidades ofrecen subvenciones y programas de apoyo para pequeños negocios. Investiga todas las opciones disponibles y elige la que mejor se adapte a tus necesidades.

Una vez que tengas el financiamiento, es hora de establecer tu negocio. Esto incluye encontrar una ubicación adecuada si vas a abrir una tienda física, o preparar tu espacio de trabajo si vas a ofrecer servicios desde casa. Asegúrate de cumplir con todas las regulaciones locales, obtener las licencias y permisos necesarios, y establecer un sistema de contabilidad para mantener tus finanzas en orden. La legalidad y la organización son fundamentales para evitar problemas futuros y asegurar el éxito a largo plazo.

Promocionar tu negocio es crucial para atraer clientes y generar ventas. Usa estrategias de marketing local como distribuir volantes, colocar anuncios en periódicos y revistas locales, y participar en ferias y eventos comunitarios. Las redes sociales también pueden ser una herramienta poderosa para llegar a tu audiencia local. Crea perfiles en plataformas populares y comparte contenido regular que muestre tus productos o servicios, cuente la historia de tu negocio y destaque las opiniones positivas de tus clientes.

El servicio al cliente es una parte fundamental de cualquier emprendimiento local. Asegúrate de tratar a cada cliente con amabilidad y respeto, y de responder rápidamente a sus preguntas y necesidades. Una buena experiencia del cliente no solo garantiza la repetición de negocios, sino que también fomenta el boca a boca positivo, que es esencial para el crecimiento de cualquier pequeño negocio.

Para mantener y hacer crecer tu negocio, es importante ser flexible y estar dispuesto a adaptarte a las necesidades cambiantes de tus clientes. Escucha sus comentarios y ajusta tu oferta según sea necesario. Mantente al tanto de las tendencias en tu industria y busca oportunidades para innovar y mejorar. La capacidad de adaptarse rápidamente puede ser una ventaja significativa para los pequeños negocios locales.

Finalmente, disfruta del proceso de emprender. Aunque puede ser desafiante y a veces estresante, iniciar y gestionar un pequeño negocio local también puede ser extremadamente gratificante. Te brinda la oportunidad de ser tu propio jefe, de crear algo que realmente te apasiona y de tener un impacto positivo en tu comunidad.

En resumen, los emprendimientos pequeños y locales ofrecen una excelente oportunidad para ganar dinero extra mientras te conectas con tu comunidad. Identifica una idea viable, realiza una investigación de mercado, crea un plan de negocios, asegura financiamiento, establece tu negocio, promociona tus productos o servicios, ofrece un excelente servicio al cliente, y mantente flexible y adaptable. Con dedicación y esfuerzo, tu pequeño negocio puede prosperar y convertirse en una fuente significativa de ingresos adicionales.

Economía Colaborativa

La economía colaborativa se ha convertido en una manera popular y efectiva de ganar dinero extra aprovechando recursos que ya tienes. Este modelo económico se basa en compartir bienes y servicios con otras personas, lo que permite maximizar su uso y obtener ingresos adicionales. La economía colaborativa incluye una amplia gama de actividades, desde alquilar tu casa a turistas, compartir viajes en coche, hasta ofrecer tus habilidades para pequeñas tareas. En este capítulo, exploraremos las diversas formas en que puedes participar en la economía colaborativa y cómo puedes beneficiarte de ella.

Una de las formas más conocidas de la economía colaborativa es el alquiler de propiedades a corto plazo a través de plataformas como Airbnb. Si tienes una habitación extra en tu casa, un apartamento que no usas o incluso una casa de vacaciones, puedes alquilar estos espacios a viajeros. Esto no solo te permite ganar dinero extra, sino que también te da la oportunidad de conocer gente nueva de todo el mundo. Para empezar, simplemente regístrate en una plataforma de alquiler, toma fotos atractivas de tu espacio, establece un precio competitivo y publica tu anuncio. Asegúrate de mantener tu propiedad limpia y acogedora para recibir buenas reseñas y atraer más huéspedes.

Otra opción popular es compartir viajes en coche. Servicios como Uber y Lyft te permiten usar tu coche para transportar pasajeros y ganar dinero en tu tiempo libre. Si ya tienes un coche y disfrutas conducir, esta puede ser una excelente manera de generar ingresos adicionales. Solo necesitas registrarte como conductor, pasar por un proceso de verificación, y empezar a aceptar solicitudes de viaje. Además de ganar dinero, compartir viajes también te permite socializar y conocer gente nueva en tu ciudad.

Si prefieres una opción que no requiera tanto compromiso, considera ofrecer tus habilidades y tiempo para pequeñas tareas a través de plataformas como TaskRabbit o Fiverr. TaskRabbit conecta a personas que necesitan ayuda con tareas cotidianas, como montar muebles, hacer reparaciones en el hogar, o hacer mandados, con personas dispuestas a realizarlas. Fiverr, por otro lado, es una plataforma donde puedes ofrecer servicios en línea, como diseño gráfico, redacción, traducción, y mucho más. Estas plataformas te permiten trabajar de manera flexible y elegir las tareas o proyectos que más te interesen.

El alquiler de objetos también es una forma creciente de participar en la economía colaborativa. Por ejemplo, si tienes herramientas, equipos deportivos, o cualquier otro objeto que no usas frecuentemente, puedes alquilarlos a personas que los necesiten temporalmente. Plataformas como Fat Llama facilitan este tipo de intercambios. Alquilar tus objetos no solo te permite ganar dinero extra, sino que también ayuda a otros a acceder a lo que necesitan sin tener que comprarlo nuevo.

Compartir conocimientos y habilidades a través de la enseñanza en línea es otra manera efectiva de participar en la economía colaborativa. Plataformas como Udemy y Coursera te permiten crear y vender cursos en línea sobre cualquier tema en el que tengas experiencia. Desde clases de cocina, fotografía, programación, hasta técnicas de meditación, hay una gran demanda de conocimiento en diversas áreas. Crear un curso en línea requiere tiempo y esfuerzo inicial, pero una vez que esté publicado, puede generar ingresos pasivos durante mucho tiempo.

La economía colaborativa también incluye el concepto de crowdfunding, donde puedes recaudar fondos para tus proyectos personales o empresariales a través de plataformas como Kickstarter o Indiegogo. Si tienes una idea innovadora para un producto, un proyecto artístico, o incluso una causa social, puedes presentar tu propuesta y recibir apoyo financiero de personas interesadas en tu visión. El crowdfunding no solo te proporciona los fondos necesarios para llevar a cabo tu proyecto, sino que también te conecta con una comunidad de seguidores y potenciales clientes.

Para aquellos que tienen habilidades culinarias, la economía colaborativa ofrece oportunidades para compartir tus talentos con otros. Plataformas como EatWith permiten a las personas organizar cenas en sus casas para huéspedes que buscan una experiencia gastronómica única. Si te gusta cocinar y recibir gente en tu hogar, esta puede ser una manera divertida y lucrativa de ganar dinero extra.

La clave para tener éxito en la economía colaborativa es la confianza y la reputación. Las plataformas de economía colaborativa suelen incluir sistemas de reseñas y calificaciones que ayudan a construir confianza entre los usuarios. Asegúrate de proporcionar un buen servicio, ser comunicativo y cumplir con tus compromisos para recibir reseñas positivas. Esto aumentará tu visibilidad y atraerá a más clientes.

Participar en la economía colaborativa también requiere una mentalidad abierta y disposición a probar cosas nuevas. No todas las opciones funcionarán para todos, pero experimentar con diferentes plataformas y servicios te ayudará a encontrar lo que mejor se adapte a tus habilidades y estilo de vida. Además, la economía colaborativa fomenta el sentido de comunidad y cooperación, lo que puede ser muy gratificante tanto a nivel personal como financiero.

En resumen, la economía colaborativa ofrece numerosas oportunidades para ganar dinero extra utilizando recursos y habilidades que ya posees. Desde alquilar propiedades, compartir viajes, ofrecer servicios, alquilar objetos, enseñar en línea, recaudar fondos para proyectos, hasta compartir habilidades culinarias, hay muchas formas de involucrarse. La clave es identificar las oportunidades que mejor se adapten a tus intereses y habilidades, y ofrecer un buen servicio para construir una reputación positiva. Con un poco de creatividad y esfuerzo, puedes aprovechar la economía colaborativa para generar ingresos adicionales y enriquecer tu vida.

Inversiones Inteligentes

Invertir de manera inteligente es una de las formas más efectivas de hacer que tu dinero trabaje para ti. Las inversiones inteligentes no solo te permiten aumentar tu riqueza con el tiempo, sino que también te proporcionan una fuente adicional de ingresos que puede complementar tu salario o incluso reemplazarlo en el futuro. En este capítulo, exploraremos diferentes tipos de inversiones y cómo puedes comenzar a invertir de manera estratégica para maximizar tus ganancias.

Una de las primeras cosas que debes entender sobre las inversiones es la importancia de la diversificación. Diversificar significa no poner todo tu dinero en un solo tipo de inversión. Al repartir tu dinero en diferentes activos, reduces el riesgo de pérdidas significativas. Por ejemplo, en lugar de invertir todo tu dinero en acciones de una sola empresa, podrías invertir en una variedad de acciones de diferentes sectores, bonos y bienes raíces. Esta estrategia te protege contra la volatilidad del mercado y te proporciona una mayor estabilidad financiera.

Las acciones son uno de los tipos de inversión más conocidos y populares. Cuando compras acciones, estás comprando una pequeña parte de una empresa. Si la empresa tiene éxito y su valor aumenta, el valor de tus acciones también aumenta. Sin embargo, si la empresa tiene problemas y su valor disminuye, el valor de tus acciones disminuirá. Es importante investigar y elegir empresas con un historial sólido y perspectivas de crecimiento. Además, puedes considerar invertir en fondos indexados o fondos mutuos, que agrupan muchas acciones diferentes y permiten una diversificación automática.

Los bonos son otra opción de inversión que puede ofrecer ingresos más estables. Cuando compras un bono, estás prestando dinero a una empresa o al gobierno a cambio de pagos de intereses regulares. Los bonos suelen ser menos volátiles que las acciones, lo que los convierte en una opción atractiva para los inversores que buscan estabilidad. Hay diferentes tipos de bonos, como los bonos del Tesoro, bonos corporativos y bonos municipales, cada uno con diferentes niveles de riesgo y rendimiento. Es importante entender los términos y condiciones de cada bono antes de invertir.

El mercado inmobiliario también ofrece oportunidades interesantes para inversiones inteligentes. Comprar propiedades para alquilar puede generar ingresos pasivos consistentes a través de los pagos de alquiler. Además, las propiedades pueden aumentar de valor con el tiempo, lo que te permite obtener ganancias cuando decides venderlas. Sin embargo, invertir en bienes raíces requiere una inversión inicial significativa y tiempo para gestionar las propiedades. También debes considerar los costos de mantenimiento y posibles periodos sin inquilinos. Investigar el mercado inmobiliario local y trabajar con profesionales puede ayudarte a tomar decisiones informadas.

Las inversiones en fondos de inversión son una opción atractiva para aquellos que prefieren un enfoque más práctico. Un fondo de inversión reúne dinero de muchos inversores para comprar una cartera diversificada de activos. Esto puede incluir acciones, bonos, bienes raíces y otros instrumentos financieros. Los fondos de inversión son gestionados por profesionales que toman decisiones de inversión en tu nombre, lo que te permite beneficiarte de su experiencia. Existen diferentes tipos de fondos, como los fondos de renta variable, fondos de renta fija y fondos equilibrados, cada uno con diferentes objetivos y niveles de riesgo.

La inversión en criptomonedas ha ganado popularidad en los últimos años. Las criptomonedas como Bitcoin y Ethereum son monedas digitales que utilizan tecnología blockchain para asegurar transacciones. Aunque las criptomonedas pueden ofrecer rendimientos significativos, también son extremadamente volátiles y arriesgadas. Si decides invertir en criptomonedas, es crucial hacer una investigación exhaustiva y solo invertir dinero que estés dispuesto a perder. También es importante mantener tus criptomonedas seguras utilizando billeteras digitales confiables.

Otra forma de inversión que está ganando terreno es el crowdfunding inmobiliario y empresarial. A través de plataformas de crowdfunding, puedes invertir pequeñas cantidades de dinero en proyectos inmobiliarios o startups. Esto te permite diversificar tu cartera con una inversión inicial más baja y acceder a oportunidades que de otra manera estarían fuera de tu alcance. Sin embargo, estas inversiones también conllevan riesgos y es importante investigar cada proyecto y plataforma antes de comprometer tu dinero.

La inversión en educación y desarrollo personal es una inversión en ti mismo que puede ofrecer retornos significativos a largo plazo. Al adquirir nuevas habilidades y conocimientos, aumentas tu valor en el mercado laboral y tus posibilidades de ganar más dinero. Esto puede incluir obtener un título avanzado, asistir a talleres y seminarios, o aprender nuevas habilidades técnicas. Invertir en tu educación también puede abrirte nuevas oportunidades de negocio y emprendimiento.

Una estrategia de inversión inteligente también implica planificar para el futuro y establecer metas financieras claras. Define tus objetivos de inversión, como ahorrar para la jubilación, comprar una casa, o financiar la educación de tus hijos. Luego, desarrolla un plan de inversión que te ayude a alcanzar estos objetivos. Es importante revisar y ajustar tu plan regularmente para asegurarte de que sigues en el camino correcto y adaptarte a los cambios en el mercado y en tu situación personal.

Finalmente, trabajar con un asesor financiero puede ser muy beneficioso, especialmente si eres nuevo en el mundo de las inversiones. Un asesor financiero puede ayudarte a evaluar tus objetivos, tolerancia al riesgo y situación financiera para desarrollar una estrategia de inversión personalizada. Ellos pueden proporcionarte conocimientos y orientación para tomar decisiones informadas y evitar errores comunes.

En resumen, invertir de manera inteligente implica diversificar tus inversiones, investigar y comprender los diferentes tipos de activos, y planificar para el futuro. Ya sea que inviertas en acciones, bonos, bienes raíces, fondos de inversión, criptomonedas, crowdfunding, o en tu propia educación, es importante tomar decisiones informadas y estratégicas. Con el tiempo, las inversiones inteligentes pueden ayudarte a generar ingresos adicionales, aumentar tu riqueza y alcanzar tus metas financieras.

Venta de Productos Online

La venta de productos online es una de las formas más efectivas y accesibles de ganar dinero extra. Con el crecimiento del comercio electrónico, cada vez más personas están aprovechando la oportunidad de vender productos a través de internet. Ya sea que tengas un talento para crear artesanías, ropa, joyería, o simplemente quieras revender productos que compraste a buen precio, el mercado online te ofrece una plataforma para llegar a una audiencia global. En este capítulo, vamos a explorar los pasos necesarios para comenzar a vender productos online y cómo maximizar tus ganancias.

El primer paso para vender productos online es decidir qué quieres vender. Esto puede ser algo que ya haces como hobby, como tejer bufandas o hacer velas artesanales, o puede ser algo que compras al por mayor para revender. Es importante elegir un producto que te apasione y que creas que tendrá demanda en el mercado. Investigar qué productos son populares y cuáles tienen una alta demanda puede ayudarte a tomar una decisión informada. Puedes utilizar herramientas como Google Trends, Amazon Best Sellers o incluso investigar en redes sociales para identificar tendencias y necesidades del mercado.

Una vez que hayas decidido qué producto vender, el siguiente paso es establecer tu tienda online. Hay varias plataformas de comercio electrónico que puedes utilizar para crear tu tienda, como Etsy, eBay, Amazon o Shopify. Cada una de estas plataformas tiene sus propias ventajas y desventajas, así que es importante investigar cuál se adapta mejor a tus necesidades. Etsy, por ejemplo, es ideal para productos hechos a mano y artículos vintage, mientras que Amazon es perfecto para productos nuevos y de alta demanda. Shopify, por otro lado, te permite crear una tienda personalizada y manejar tu propio sitio web.

Después de elegir la plataforma, es momento de configurar tu tienda. Esto incluye crear un nombre atractivo y fácil de recordar, diseñar un logo que represente tu marca y escribir descripciones detalladas y atractivas para cada uno de tus productos. Asegúrate de tomar fotos de alta calidad que muestren claramente tus productos desde diferentes ángulos. Las fotos deben ser claras, bien iluminadas y profesionales, ya que las imágenes de baja calidad pueden disuadir a los compradores potenciales. Además, las descripciones deben ser detalladas y destacar las características y beneficios de tus productos.

Una vez que tu tienda esté configurada, el siguiente paso es fijar los precios de tus productos. Es importante encontrar un equilibrio entre ser competitivo y asegurarte de obtener una ganancia. Investiga cuánto están cobrando otros vendedores por productos similares y ajusta tus precios en consecuencia. No olvides considerar los costos de producción, envío y las tarifas de la plataforma en la que estás vendiendo. Ofrecer promociones o descuentos ocasionales puede atraer a más clientes y aumentar tus ventas.

El marketing es una parte crucial para tener éxito en la venta de productos online. Utiliza las redes sociales para promocionar tu tienda y llegar a una audiencia más amplia. Plataformas como Instagram, Facebook y Pinterest son excelentes para mostrar tus productos y atraer seguidores.

Publica regularmente contenido atractivo, como fotos de tus productos, videos demostrativos y testimonios de clientes satisfechos. También puedes utilizar anuncios pagados en redes sociales para llegar a un público más específico. Colaborar con influencers y bloggers en tu nicho también puede ser una estrategia efectiva para aumentar la visibilidad de tu tienda.

Otra estrategia de marketing efectiva es el email marketing. Recopila correos electrónicos de tus clientes y envíales boletines regulares con actualizaciones sobre nuevos productos, ofertas especiales y noticias de tu tienda. Mantener una comunicación constante con tus clientes puede ayudar a construir una relación sólida y fomentar la lealtad. Además, ofrecer un excelente servicio al cliente es fundamental para el éxito de tu tienda. Responde rápidamente a las preguntas y comentarios de los clientes, y asegúrate de resolver cualquier problema de manera eficiente y profesional.

La gestión del inventario y el envío son aspectos clave que debes manejar con cuidado. Mantén un registro actualizado de tu inventario para evitar vender productos que no tienes en stock. Además, elige un método de envío que sea rápido y confiable. Ofrecer opciones de envío gratuitas o económicas puede atraer a más clientes y aumentar tus ventas. También es importante empaquetar tus productos de manera segura para asegurarte de que lleguen en perfectas condiciones a los compradores. Considera utilizar materiales de embalaje sostenibles para reducir tu impacto ambiental y atraer a consumidores conscientes del medio ambiente.

Analizar tus ventas y el comportamiento de tus clientes es esencial para optimizar tu estrategia de ventas online. Utiliza las herramientas de análisis que ofrecen las plataformas de comercio electrónico para obtener información sobre qué productos son los más populares, qué promociones son las más efectivas y cómo los clientes interactúan con tu tienda. Esta información te permitirá tomar decisiones informadas y ajustar tu estrategia para maximizar tus ganancias. Experimenta con diferentes tipos de productos, precios y estrategias de marketing para ver qué funciona mejor para tu tienda.

Finalmente, mantenerse al día con las tendencias del mercado y estar dispuesto a adaptarse es crucial para el éxito a largo plazo en la venta de productos online. El comercio electrónico está en constante evolución, y lo que funciona hoy puede no ser efectivo mañana. Sigue aprendiendo y mejorando tus habilidades de marketing y ventas, y no tengas miedo de probar cosas nuevas. Participa en comunidades y foros de vendedores online para compartir experiencias y aprender de otros. La flexibilidad y la disposición para adaptarse te ayudarán a mantener tu tienda relevante y competitiva en el mercado.

En resumen, la venta de productos online es una excelente manera de ganar dinero extra y puede convertirse en una fuente significativa de ingresos si se hace correctamente. Al elegir productos que te apasionen, configurar una tienda atractiva, fijar precios competitivos, y utilizar estrategias de marketing efectivas, puedes crear un negocio exitoso y sostenible. La clave es ser persistente, estar dispuesto a aprender y adaptarse, y siempre mantener un enfoque en ofrecer un excelente servicio al cliente. Con el tiempo y el esfuerzo adecuados, puedes transformar tu tienda online en una fuente de ingresos próspera y gratificante.

Marketing de Afiliación

El marketing de afiliación es una forma efectiva y accesible de ganar dinero extra, especialmente si ya tienes un trabajo. Este método te permite generar ingresos promoviendo productos o servicios de otras empresas y ganando una comisión por cada venta o acción que se realice a través de tus recomendaciones. En este capítulo, exploraremos en detalle cómo funciona el marketing de afiliación, cómo puedes empezar y qué estrategias puedes utilizar para maximizar tus ganancias.

El marketing de afiliación funciona de manera sencilla. Las empresas que desean aumentar sus ventas o suscriptores ofrecen programas de afiliación en los que puedes registrarte de forma gratuita. Una vez registrado, obtienes un enlace único de afiliado que puedes compartir en tu blog, redes sociales, correo electrónico o cualquier otro canal de comunicación que utilices. Cada vez que alguien hace clic en tu enlace y realiza una compra o completa una acción específica, tú ganas una comisión. La cantidad de la comisión varía según la empresa y el producto, pero puede oscilar entre un pequeño porcentaje hasta el 50 por ciento o más del precio de venta.

Para empezar en el marketing de afiliación, el primer paso es identificar un nicho o área de interés en la que te sientas cómodo y tengas algún conocimiento. Esto puede ser cualquier cosa que te apasione, como la tecnología, la moda, la salud, el fitness o incluso pasatiempos específicos como la jardinería o los videojuegos. Elegir un nicho te ayudará a enfocar tus esfuerzos y a atraer a una audiencia específica que confíe en tus recomendaciones.

Una vez que hayas elegido tu nicho, el siguiente paso es encontrar programas de afiliación adecuados. Puedes empezar buscando en plataformas populares de marketing de afiliación como Amazon Associates, ShareASale, ClickBank y Commission Junction. Estas plataformas ofrecen una amplia variedad de productos y servicios que puedes promocionar. Además, muchas empresas tienen sus propios programas de afiliación, por lo que también puedes visitar los sitios web de tus marcas favoritas y buscar la sección de afiliados.

Después de registrarte en los programas de afiliación, es importante crear contenido de calidad que atraiga a tu audiencia y los motive a hacer clic en tus enlaces de afiliado. Si tienes un blog, escribe reseñas detalladas, comparaciones de productos, guías de compra y artículos informativos que sean útiles y relevantes para tus lectores. Si prefieres las redes sociales, crea publicaciones atractivas, videos, historias y contenido en vivo donde puedas hablar sobre los productos y mostrar cómo los usas en tu vida diaria. La clave es ser honesto y auténtico en tus recomendaciones, ya que la confianza de tu audiencia es fundamental para el éxito en el marketing de afiliación.

Además de crear contenido, es importante optimizar tus estrategias de marketing para aumentar la visibilidad de tus enlaces de afiliado. Utiliza técnicas de optimización de motores de búsqueda (SEO) para mejorar el ranking de tu blog en los resultados de búsqueda de Google. Esto incluye el uso de palabras clave relevantes, la creación de títulos atractivos y la optimización de tus imágenes y enlaces. También puedes utilizar el marketing por correo electrónico para mantener a tu audiencia informada sobre nuevos productos y ofertas especiales. Envía boletines regulares con contenido valioso y asegúrate de incluir tus enlaces de afiliado en los lugares adecuados.

Otra estrategia efectiva es participar en comunidades y foros en línea relacionados con tu nicho. Comparte tus conocimientos y experiencias, responde preguntas y proporciona enlaces útiles que incluyan tus enlaces de afiliado. La participación activa en estas comunidades puede ayudarte a construir tu reputación y atraer a más personas a tu contenido. Sin embargo, es importante no ser demasiado agresivo al promocionar tus enlaces, ya que esto puede ser contraproducente. En su lugar, concéntrate en proporcionar valor y ayudar a los demás.

Las redes sociales también son una herramienta poderosa para el marketing de afiliación. Crea perfiles en plataformas como Instagram, Facebook, Twitter y Pinterest, y comparte contenido relacionado con tus productos afiliados. Utiliza hashtags relevantes para aumentar la visibilidad de tus publicaciones y atraer a una audiencia más amplia. Considera la posibilidad de colaborar con influencers o bloggers en tu nicho para ampliar tu alcance y atraer a nuevos seguidores. Las colaboraciones pueden incluir publicaciones patrocinadas, sorteos o menciones en sus canales de comunicación.

El análisis y la optimización son componentes cruciales del marketing de afiliación. Utiliza las herramientas de análisis proporcionadas por las plataformas de afiliación para monitorear el rendimiento de tus enlaces. Presta atención a métricas como el número de clics, las conversiones y las comisiones generadas. Esto te ayudará a identificar qué estrategias están funcionando y cuáles necesitan ajustes. Experimenta con diferentes tipos de contenido, ubicaciones de enlaces y tácticas de promoción para ver qué da los mejores resultados. La mejora continua es esencial para maximizar tus ganancias en el marketing de afiliación.

Finalmente, es importante tener paciencia y persistencia. El marketing de afiliación no genera ingresos significativos de la noche a la mañana. Requiere tiempo, esfuerzo y consistencia para construir una audiencia y ganar su confianza. No te desanimes si no ves resultados inmediatos. Sigue creando contenido de calidad, optimizando tus estrategias y aprendiendo de tus experiencias. Con el tiempo, tu dedicación dará frutos y podrás disfrutar de los beneficios de ganar dinero extra a través del marketing de afiliación.

En resumen, el marketing de afiliación es una excelente manera de generar ingresos adicionales mientras trabajas en algo que te apasiona. Al elegir un nicho, unirte a programas de afiliación, crear contenido valioso, optimizar tus estrategias de marketing y ser persistente, puedes construir una fuente de ingresos sostenible y gratificante. Recuerda que la clave del éxito es la autenticidad y la confianza de tu audiencia. Con dedicación y esfuerzo, puedes transformar el marketing de afiliación en una parte integral de tu estrategia para ganar dinero extra.

Creación de Contenido

La creación de contenido es una excelente manera de generar ingresos adicionales mientras haces algo que te apasiona. En la era digital, el contenido es rey, y hay muchas formas en las que puedes aprovechar tus habilidades y conocimientos para crear contenido que atraiga a una audiencia y te permita monetizar tus esfuerzos. Este capítulo se centrará en cómo puedes empezar a crear contenido, las diferentes plataformas disponibles y las estrategias para maximizar tus ingresos.

Primero, es importante identificar qué tipo de contenido te gustaría crear. Esto depende en gran medida de tus intereses y habilidades. El contenido puede tomar muchas formas, como escribir blogs, grabar videos, producir podcasts, tomar fotografías, crear arte digital, entre otros. Piensa en lo que te apasiona y en lo que eres bueno, y elige un formato que te permita expresarte mejor. Por ejemplo, si te gusta escribir, un blog puede ser una excelente opción. Si prefieres hablar y tienes una voz agradable, un podcast podría ser el camino a seguir. Si disfrutas estar frente a una cámara, considera crear un canal de YouTube.

Una vez que hayas decidido el tipo de contenido que quieres crear, es hora de elegir la plataforma adecuada. Hay muchas opciones disponibles, y cada una tiene sus propias ventajas. Si decides escribir un blog, plataformas como WordPress, Blogger o Medium son muy populares y fáciles de usar. Para videos, YouTube y TikTok son opciones excelentes debido a su gran audiencia y las herramientas que ofrecen para creadores. Si prefieres los podcasts, plataformas como Anchor, Spotify y Apple Podcasts son ideales para distribuir tu contenido. También puedes considerar Instagram o Pinterest si tu enfoque es más visual y se basa en fotografías o arte digital.

El siguiente paso es crear contenido de alta calidad que resuene con tu audiencia. Esto significa que necesitas investigar y comprender a tu público objetivo. ¿Qué tipo de contenido les interesa? ¿Qué problemas o preguntas tienen que tú puedes ayudar a resolver? Utiliza esta información para crear contenido que sea útil, informativo y entretenido. Por ejemplo, si decides crear un blog sobre jardinería, puedes escribir guías sobre cómo plantar diferentes tipos de flores, consejos para el cuidado de las plantas y reseñas de herramientas de jardinería. Si haces videos sobre cocina, podrías compartir recetas, trucos de cocina y demostraciones paso a paso.

La consistencia es clave cuando se trata de creación de contenido. Es importante establecer un calendario de publicaciones y ceñirse a él. Esto no solo te ayuda a mantenerte organizado, sino que también crea expectativas para tu audiencia. Si publicas contenido de manera regular, tus seguidores sabrán cuándo esperar nuevo material y estarán más inclinados a regresar. Esto también ayuda a construir tu marca personal y tu presencia en línea.

Una vez que hayas empezado a crear y publicar contenido, es hora de pensar en cómo monetizar tus esfuerzos. Hay varias formas de ganar dinero a través de la creación de contenido. Una de las más comunes es a través de la publicidad. Si tienes un blog, puedes unirte a programas como Google AdSense para mostrar anuncios en tu sitio web. Cada vez que alguien hace clic en uno de los anuncios, tú ganas una pequeña comisión. Si haces videos en YouTube, puedes unirte al Programa de Socios de YouTube y ganar dinero con los anuncios que se muestran antes, durante o después de tus videos.

Otra forma de monetizar tu contenido es a través del marketing de afiliación. Esto implica promocionar productos o servicios de otras empresas y ganar una comisión por cada venta que se realice a través de tus enlaces de afiliado. Por ejemplo, si escribes un blog de tecnología, puedes incluir enlaces a productos en Amazon y ganar una comisión cada vez que alguien compre a través de tu enlace. Muchas empresas y marcas tienen programas de afiliación, así que asegúrate de investigar y unirte a aquellos que sean relevantes para tu contenido.

El patrocinio es otra fuente de ingresos potencial. A medida que tu audiencia crezca, las marcas pueden estar interesadas en patrocinar tu contenido. Esto puede incluir la creación de contenido patrocinado, donde mencionas o recomiendas productos o servicios específicos, o la inclusión de menciones patrocinadas en tus videos o podcasts. Es importante ser transparente con tu audiencia sobre cualquier patrocinio y asegurarte de que las marcas con las que trabajas se alineen con tus valores y los intereses de tu audiencia.

La venta de productos o servicios también es una opción viable. Si tienes habilidades o conocimientos especializados, puedes crear y vender tus propios productos digitales, como libros electrónicos, cursos en línea, plantillas, o gráficos. Si eres artista, puedes vender tus obras de arte o impresiones. También puedes ofrecer servicios, como consultoría, tutorías, o diseño gráfico. Esto no solo te permite ganar dinero, sino que también te ayuda a establecerte como un experto en tu campo.

Finalmente, es importante promocionar tu contenido para llegar a una audiencia más amplia. Utiliza las redes sociales para compartir tus publicaciones, interactúa con tu audiencia y colabora con otros creadores. Participa en comunidades en línea relacionadas con tu nicho y comparte tu contenido allí. La promoción es esencial para atraer nuevos seguidores y construir una audiencia leal.

En resumen, la creación de contenido es una excelente manera de ganar dinero extra mientras haces algo que te apasiona. Al identificar tu nicho, elegir la plataforma adecuada, crear contenido de alta calidad y consistencia, y explorar diversas formas de monetización, puedes convertir tu pasión en una fuente de ingresos adicional. Recuerda que el éxito en la creación de contenido requiere tiempo y esfuerzo, pero con dedicación y creatividad, puedes lograrlo.

Encuestas y Pruebas de Productos

Participar en encuestas y pruebas de productos es una forma sencilla y accesible de ganar un dinero extra en tu tiempo libre. Esta opción es especialmente buena para aquellos que buscan ingresos adicionales sin tener que hacer una gran inversión de tiempo o dinero. En este capítulo, te explicaré cómo puedes empezar a ganar dinero respondiendo encuestas y probando productos, dónde encontrar estas oportunidades y algunos consejos para maximizar tus ganancias.

Primero, es importante entender cómo funcionan las encuestas pagadas y las pruebas de productos. Las empresas de investigación de mercado y los fabricantes de productos están interesados en obtener la opinión de los consumidores para mejorar sus productos y servicios. Para ello, contratan empresas especializadas en encuestas y pruebas de productos que reclutan a personas como tú para participar. A cambio de tu tiempo y tus opiniones, te pagan en efectivo, tarjetas de regalo o productos gratuitos.

Para empezar a ganar dinero con encuestas, el primer paso es registrarte en varios sitios web de encuestas pagadas. Hay muchas opciones disponibles, y algunas de las más populares incluyen Swagbucks, Toluna, Pinecone Research y Survey Junkie. Es recomendable registrarse en múltiples sitios para tener acceso a una mayor cantidad de encuestas y así aumentar tus posibilidades de ganar dinero. Durante el registro, te pedirán que completes un perfil con información básica sobre ti, como tu edad, género, ubicación y hábitos de consumo. Esta información se utiliza para emparejarte con encuestas que sean relevantes para ti.

Una vez que te hayas registrado y completado tu perfil, empezarás a recibir invitaciones para participar en encuestas. Las encuestas pueden variar en duración y pago, desde encuestas cortas de cinco minutos que pagan un dólar, hasta encuestas más largas de treinta minutos que pagan cinco dólares o más. Es importante completar las encuestas de manera honesta y precisa, ya que las empresas de investigación valoran la calidad de las respuestas. Además, muchas plataformas tienen sistemas para detectar respuestas inconsistentes o aleatorias, lo que podría resultar en la descalificación de futuras encuestas.

Además de las encuestas, las pruebas de productos son otra excelente manera de ganar dinero extra. Al igual que con las encuestas, te registras en sitios web que ofrecen oportunidades para probar productos. Algunos sitios conocidos incluyen Vindale Research, UserTesting y Product Report Card. Después de registrarte, te enviarán productos a tu hogar para que los pruebes y luego proporcionen tu opinión. Estos productos pueden ser desde alimentos y bebidas hasta productos de belleza y electrónicos. A cambio de tus comentarios detallados, puedes recibir pagos en efectivo, tarjetas de regalo o incluso quedarte con los productos que pruebas.

Una de las ventajas de las pruebas de productos es que a menudo puedes probar los últimos lanzamientos antes que el público en general, lo cual puede ser una experiencia divertida y emocionante. Además, las pruebas de productos suelen pagar más que las encuestas, especialmente si el producto es caro o requiere una prueba detallada. Por ejemplo, probar un nuevo gadget tecnológico puede pagarte cincuenta dólares o más, además de permitirte quedarte con el producto.

Para maximizar tus ganancias con encuestas y pruebas de productos, aquí hay algunos consejos útiles. Primero, trata de dedicar un tiempo específico cada día o semana para completar encuestas y pruebas. La consistencia es clave para acumular ingresos adicionales. Segundo, asegúrate de completar tu perfil en cada sitio web de encuestas y mantenerlo actualizado. Esto aumentará tus posibilidades de recibir encuestas y pruebas relevantes. Tercero, sé honesto y detallado en tus respuestas. Las empresas valoran la retroalimentación de calidad y es más probable que te inviten a participar en estudios futuros si proporcionas comentarios útiles. Cuarto, busca sitios web y aplicaciones que ofrezcan bonificaciones por registrarse o por referir amigos. Estas bonificaciones pueden aumentar tus ingresos iniciales.

Aunque las encuestas y pruebas de productos no te harán rico, pueden proporcionar un flujo constante de ingresos adicionales con un esfuerzo relativamente bajo. Es una opción especialmente atractiva para aquellos que tienen tiempos muertos durante el día, como durante el almuerzo, en el transporte público o mientras ven televisión. Además, es una forma flexible de ganar dinero, ya que puedes hacerlo desde cualquier lugar y en cualquier momento que tengas disponible.

En resumen, ganar dinero extra participando en encuestas y pruebas de productos es una forma accesible y conveniente de aumentar tus ingresos. Al registrarte en varios sitios web, completar tu perfil, y ser constante y honesto en tus respuestas, puedes aprovechar esta oportunidad para obtener recompensas en efectivo, tarjetas de regalo y productos gratuitos. No requiere una inversión significativa de tiempo o dinero, lo que la convierte en una excelente opción para cualquier persona que busque ingresos adicionales sin comprometer sus responsabilidades principales.

Aplicaciones y Sitios Web de Recompensas

En el mundo actual, las aplicaciones y sitios web de recompensas se han convertido en una forma popular y accesible de ganar un dinero extra. Estas plataformas te pagan por realizar tareas sencillas como ver videos, responder encuestas, comprar en línea o incluso simplemente caminar. En este capítulo, exploraremos cómo funcionan estas aplicaciones y sitios web, cuáles son algunas de las mejores opciones disponibles y cómo puedes maximizar tus ganancias utilizando estas herramientas.

Las aplicaciones y sitios web de recompensas operan bajo un principio muy simple: te recompensan por completar actividades que probablemente ya realizas en tu vida diaria. Por ejemplo, hay aplicaciones que te pagan por hacer compras en tus tiendas favoritas, y otras que te recompensan por mantenerte activo y caminar cierta cantidad de pasos cada día. La clave para aprovechar al máximo estas plataformas es entender cómo funcionan y encontrar aquellas que mejor se adapten a tus hábitos y preferencias.

Una de las aplicaciones de recompensas más conocidas es Swagbucks. Swagbucks te paga por realizar una variedad de tareas, incluyendo ver videos, responder encuestas, jugar juegos y realizar compras en línea a través de su portal. Cada vez que completas una de estas tareas, ganas puntos llamados Swagbucks, que luego puedes canjear por tarjetas de regalo o dinero en efectivo a través de PayPal. Swagbucks es fácil de usar y tiene una gran variedad de tareas, lo que la hace una opción versátil para aquellos que buscan ganar un poco de dinero extra en su tiempo libre.

Otra aplicación popular es Rakuten, anteriormente conocida como Ebates. Rakuten te devuelve un porcentaje del dinero que gastas en compras en línea en forma de cashback. Todo lo que tienes que hacer es registrarte en Rakuten, buscar tu tienda favorita a través de su portal y hacer tu compra como de costumbre. Rakuten trabaja con una amplia variedad de minoristas, desde tiendas de ropa hasta sitios de viajes, por lo que es muy probable que puedas ganar cashback en tus compras habituales. Al final de cada trimestre, Rakuten te envía un cheque o te deposita el cashback en tu cuenta de PayPal, lo que hace que sea una forma sencilla de ahorrar dinero en las compras que ya planeabas hacer.

Si te gusta caminar y te gustaría ganar dinero por mantenerte activo, Sweatcoin es una excelente opción. Sweatcoin es una aplicación que te paga por caminar. Cada vez que alcanzas un cierto número de pasos, ganas Sweatcoins, que puedes canjear por recompensas como productos, servicios o incluso dinero en efectivo. La aplicación utiliza el GPS de tu teléfono para rastrear tus pasos y asegurarse de que realmente estás caminando. Sweatcoin no solo te motiva a mantenerte en forma, sino que también te permite ganar recompensas por hacerlo.

InboxDollars es otro sitio web de recompensas que te paga por realizar tareas sencillas como leer correos electrónicos, responder encuestas, jugar juegos y ver videos. Al igual que Swagbucks, InboxDollars te paga en efectivo o tarjetas de regalo por completar estas actividades. Una de las ventajas de InboxDollars es que ofrece un bono de bienvenida cuando te registras, lo que te da un impulso inicial en tus ganancias. Además, es fácil de usar y ofrece una variedad de formas de ganar dinero, lo que la hace atractiva para aquellos que buscan diversificar sus fuentes de ingresos extra.

Para aquellos que disfrutan de probar nuevos productos y compartir sus opiniones, Vindale Research es una excelente opción. Vindale Research te paga por completar encuestas de opinión y pruebas de productos. A diferencia de algunos otros sitios de encuestas, Vindale paga en efectivo en lugar de puntos, lo que puede ser más atractivo para aquellos que prefieren recompensas monetarias directas. Además, las encuestas en Vindale tienden a ser más detalladas y, por lo tanto, pueden pagar más que las encuestas en otros sitios.

Para maximizar tus ganancias utilizando aplicaciones y sitios web de recompensas, aquí hay algunos consejos prácticos. Primero, regístrate en múltiples plataformas para diversificar tus fuentes de ingresos y aumentar tus oportunidades de ganar. Al hacerlo, podrás aprovechar las diferentes tareas y recompensas que cada plataforma ofrece. Segundo, establece un horario regular para completar tareas en estas aplicaciones. Dedicar unos minutos cada día a ver videos, responder encuestas o hacer compras a través de un portal de cashback puede sumar con el tiempo. Tercero, aprovecha los bonos de bienvenida y las promociones especiales que muchas de estas plataformas ofrecen. Estos bonos pueden darte un buen impulso inicial y ayudarte a alcanzar el umbral de pago más rápidamente.

Además, asegúrate de mantener tus perfiles en estas aplicaciones y sitios web actualizados. Completar tu perfil con información precisa y detallada puede aumentar tus posibilidades de recibir encuestas y ofertas relevantes. Por último, revisa las opciones de canje disponibles en cada plataforma y elige aquellas que mejor se adapten a tus necesidades y preferencias. Algunas personas prefieren recibir tarjetas de regalo para sus tiendas favoritas, mientras que otras prefieren recibir dinero en efectivo a través de PayPal.

En resumen, las aplicaciones y sitios web de recompensas son una forma accesible y flexible de ganar un dinero extra en tu tiempo libre. Al registrarte en varias plataformas, establecer una rutina regular y aprovechar los bonos y promociones, puedes maximizar tus ganancias y disfrutar de las recompensas que estas herramientas ofrecen. Ya sea que te guste comprar en línea, caminar o simplemente pasar unos minutos al día realizando tareas sencillas, hay una aplicación o sitio web de recompensas que se adapta a ti.

Trabajos Temporales y de Temporada

Los trabajos temporales y de temporada son una excelente manera de ganar dinero extra sin comprometerse a un empleo a largo plazo. Estos trabajos son especialmente útiles si tienes un horario flexible o disponibilidad durante ciertos momentos del año. Además, los trabajos de temporada suelen estar relacionados con festividades, eventos especiales o periodos específicos del año, lo que los hace únicos y, a menudo, bastante entretenidos. En este capítulo, exploraremos qué son los trabajos temporales y de temporada, cómo encontrarlos y algunos ejemplos específicos de estos tipos de empleo.

Primero, entendamos qué son los trabajos temporales. Un trabajo temporal es aquel que tiene una duración limitada, puede ser desde unas pocas semanas hasta varios meses. Estos trabajos son ideales para las personas que buscan ingresos adicionales sin un compromiso a largo plazo. Por otro lado, los trabajos de temporada son aquellos que se concentran en determinadas épocas del año, como la temporada navideña, el verano o las cosechas de otoño. Ambos tipos de trabajos pueden ofrecer una variedad de oportunidades en diferentes industrias, desde la venta minorista hasta la agricultura.

Para encontrar trabajos temporales y de temporada, puedes utilizar varias estrategias. Una de las formas más efectivas es buscar en línea en sitios web de empleo que se especializan en trabajos de corta duración. Páginas como Indeed, Glassdoor y LinkedIn suelen tener secciones dedicadas a trabajos temporales y de temporada. También puedes visitar las páginas web de las empresas directamente, ya que muchas publican oportunidades de empleo temporal en sus sitios. Otra opción es inscribirse en agencias de empleo temporal, que se encargan de emparejar a los trabajadores con empleadores que necesitan personal por un periodo específico.

Una vez que hayas identificado algunas oportunidades de trabajo temporal o de temporada, es importante prepararse adecuadamente para el proceso de solicitud. Asegúrate de tener un currículum actualizado que destaque tus habilidades y experiencias relevantes. Si el trabajo de temporada requiere habilidades específicas, como conocimientos en ventas minoristas durante la temporada navideña, asegúrate de resaltarlas en tu currículum. Además, estar dispuesto a trabajar horarios flexibles o durante los fines de semana puede aumentar tus posibilidades de ser contratado, ya que muchos trabajos de temporada requieren disponibilidad en horarios no convencionales.

Ahora, veamos algunos ejemplos específicos de trabajos temporales y de temporada. Durante la temporada navideña, muchas tiendas minoristas y centros comerciales necesitan personal adicional para manejar el aumento de clientes. Estos trabajos pueden incluir puestos de cajero, reponedor de estantes, empaquetador de regalos y ayudante de ventas. La ventaja de estos trabajos es que suelen ofrecer horarios flexibles, lo que los hace perfectos para aquellos que buscan complementar sus ingresos sin dejar su empleo principal.

Otro ejemplo común de trabajo de temporada es en la industria de la hostelería durante el verano. Los hoteles, resorts y restaurantes en destinos turísticos a menudo necesitan más personal durante los meses de verano para atender a los turistas. Estos trabajos pueden incluir roles como camarero, recepcionista, personal de limpieza y socorrista. Además, trabajar en un entorno turístico puede ser una experiencia divertida y enriquecedora, permitiéndote conocer a personas de diferentes lugares y disfrutar de un ambiente dinámico.

La agricultura también ofrece muchas oportunidades de trabajos de temporada, especialmente durante las épocas de cosecha. Dependiendo de la región y el tipo de cultivo, podrías encontrar trabajos de recolección de frutas, verduras o flores. Estos trabajos suelen ser físicamente demandantes, pero pueden ofrecer buenos salarios y la oportunidad de trabajar al aire libre. Además, algunos empleadores ofrecen alojamiento y comidas, lo que puede ser una ventaja adicional.

Los eventos especiales y festivales también generan una gran demanda de trabajadores temporales. Por ejemplo, los festivales de música, ferias y exposiciones necesitan personal para tareas como la venta de boletos, montaje de escenarios, servicio de alimentos y bebidas, y seguridad. Trabajar en estos eventos puede ser una experiencia emocionante y una excelente manera de ganar dinero extra en un corto periodo de tiempo.

Los trabajos temporales en oficinas también son comunes, especialmente durante los periodos de alta demanda, como el cierre del año fiscal o durante grandes proyectos. Estos trabajos pueden incluir roles como asistente administrativo, contador temporal, o soporte técnico. Si tienes habilidades específicas en áreas como contabilidad, tecnología de la información o administración, estos trabajos pueden ofrecerte una buena oportunidad para ganar dinero extra mientras desarrollas tus habilidades profesionales.

Finalmente, no olvidemos los trabajos temporales relacionados con el regreso a clases. Antes del inicio del año escolar, muchas tiendas de suministros escolares, librerías y grandes almacenes buscan personal adicional para manejar el aumento de ventas. Estos trabajos pueden incluir roles como asistente de ventas, cajero y personal de inventario. Si tienes disponibilidad durante el final del verano, estos trabajos pueden ser una excelente manera de ganar dinero extra justo antes de que comience el nuevo año escolar.

En resumen, los trabajos temporales y de temporada ofrecen una variedad de oportunidades para ganar dinero extra sin comprometerse a largo plazo. Ya sea que estés interesado en trabajar en ventas minoristas durante las fiestas, en la hostelería durante el verano, en la agricultura durante las cosechas, en eventos especiales, en oficinas durante periodos de alta demanda o en tiendas durante el regreso a clases, hay muchas opciones disponibles. La clave es estar preparado, ser flexible y buscar activamente estas oportunidades. Con un poco de esfuerzo y planificación, los trabajos temporales y de temporada pueden ser una forma efectiva y divertida de complementar tus ingresos.

Balance Trabajo-Vida e Ingresos Extra

Encontrar un equilibrio entre el trabajo, la vida personal y la generación de ingresos extra puede parecer una tarea difícil, pero es fundamental para mantener la salud mental y el bienestar general. La clave está en organizarse bien, establecer prioridades claras y encontrar formas de integrar las actividades adicionales sin sacrificar la calidad de vida. En este capítulo, vamos a explorar cómo lograr este equilibrio de manera efectiva, proporcionando consejos específicos y directos que te ayudarán a manejar tus responsabilidades laborales y personales mientras generas ingresos extra.

Primero, es importante reconocer que el tiempo es un recurso limitado. Todos tenemos las mismas veinticuatro horas en el día, por lo que la gestión del tiempo es esencial. Una buena manera de empezar es hacer una lista de todas tus responsabilidades y actividades diarias. Esto incluye tu trabajo principal, las tareas del hogar, el tiempo con la familia y los amigos, y cualquier otra actividad que forme parte de tu rutina diaria. Una vez que tengas esta lista, identifica las áreas en las que puedes ser más eficiente o en las que puedes reducir el tiempo dedicado sin afectar la calidad de tus actividades.

Una vez que tengas una idea clara de cómo estás utilizando tu tiempo, el siguiente paso es priorizar tus actividades. No todas las tareas tienen la misma importancia, así que es fundamental identificar cuáles son las más críticas y cuáles pueden esperar. Esto te permitirá liberar tiempo para dedicarlo a actividades que generen ingresos extra. Por ejemplo, si encuentras que pasas mucho tiempo viendo televisión o navegando por las redes sociales, considera reducir este tiempo y utilizarlo para algo más productivo.

Ahora que has identificado y priorizado tus actividades, es hora de establecer un horario que te permita integrar de manera efectiva tus esfuerzos para generar ingresos extra sin sacrificar tu tiempo personal. La creación de un horario no solo te ayudará a mantenerte organizado, sino que también te permitirá ver de manera realista cuánto tiempo puedes dedicar a actividades adicionales. Es importante ser honesto contigo mismo sobre tus capacidades y límites. Si intentas abarcar demasiado, podrías terminar sintiéndote abrumado y estresado, lo que afectaría tanto tu trabajo principal como tu vida personal.

Un aspecto crucial del equilibrio trabajo-vida es aprender a decir no. Puede ser tentador aceptar todas las oportunidades que se presenten para ganar dinero extra, pero es fundamental reconocer tus límites. Aceptar demasiadas responsabilidades puede llevarte al agotamiento, lo que a su vez afectará tu rendimiento en todas las áreas de tu vida. Evalúa cada oportunidad de ingresos extra en función de su impacto en tu tiempo y bienestar general. Si una oportunidad parece demasiado demandante, considera buscar alternativas más manejables o ajustar tus expectativas.

Otro consejo útil es aprovechar las tecnologías y herramientas disponibles para hacer más eficientes tus actividades de generación de ingresos extra. Por ejemplo, si decides vender productos en línea, utiliza plataformas que faciliten la gestión de inventario y el proceso de ventas. Si optas por el trabajo freelance, utiliza aplicaciones de gestión de proyectos y comunicación que te ayuden a mantenerte organizado y en contacto con tus clientes. Estas herramientas pueden ahorrar tiempo y reducir el estrés, permitiéndote enfocarte en las tareas que realmente importan.

Es también esencial dedicar tiempo a cuidar de tu salud y bienestar. El equilibrio trabajo-vida no se trata solo de manejar el tiempo de manera efectiva, sino también de asegurarte de que estás cuidando tu cuerpo y mente. Asegúrate de incluir en tu horario tiempo para hacer ejercicio, descansar y realizar actividades que disfrutes. El ejercicio regular no solo mejora tu salud física, sino que también puede reducir el estrés y mejorar tu estado de ánimo. Del mismo modo, el descanso adecuado es fundamental para mantener un alto nivel de energía y productividad.

Integrar a la familia y amigos en tus actividades de generación de ingresos extra puede ser otra manera efectiva de mantener el equilibrio. Si tienes un proyecto de ventas en línea, considera involucrar a tu familia en el proceso. No solo te ayudará a manejar mejor el tiempo, sino que también puede ser una excelente manera de pasar tiempo juntos y fortalecer los lazos familiares. Del mismo modo, compartir tus metas y progresos con amigos cercanos puede proporcionarte un sistema de apoyo y motivación adicional.

Finalmente, es importante revisar y ajustar regularmente tu horario y prioridades. La vida cambia y tus necesidades y circunstancias también lo harán. Revisa tu progreso regularmente y ajusta tus planes según sea necesario. Mantén una mente abierta y flexible para adaptarte a nuevas oportunidades y desafíos. Recuerda que el equilibrio perfecto no es estático, sino un proceso continuo de ajustes y mejoras.

En conclusión, encontrar un equilibrio entre el trabajo, la vida personal y la generación de ingresos extra requiere organización, priorización y una buena gestión del tiempo. Al establecer un horario realista, aprender a decir no, utilizar herramientas tecnológicas, cuidar tu salud y bienestar, e involucrar a tus seres queridos en tus actividades, puedes lograr este equilibrio y disfrutar de una vida más productiva y satisfactoria. Con un enfoque consciente y planificado, es posible integrar actividades de generación de ingresos extra sin sacrificar tu calidad de vida.

Inspiración y Historias de Éxito

La inspiración es una herramienta poderosa cuando buscamos generar ingresos extra. Escuchar historias de éxito de personas comunes que han logrado grandes cosas puede darnos el impulso y la motivación necesarios para seguir adelante. En este capítulo, exploraremos varias historias de éxito que demuestran cómo es posible transformar una idea simple en una fuente significativa de ingresos adicionales. Estas historias nos mostrarán que, con dedicación, creatividad y perseverancia, cualquiera puede alcanzar sus metas financieras.

Comencemos con la historia de Ana, una madre de dos hijos que siempre había tenido una pasión por la cocina. Ana solía hacer postres para su familia y amigos, quienes constantemente elogiaban sus habilidades culinarias. Un día, una amiga le sugirió que comenzara a vender sus postres en línea. Al principio, Ana se mostró escéptica, pero decidió darle una oportunidad. Creó una página en redes sociales y comenzó a publicar fotos de sus creaciones. Para su sorpresa, las órdenes empezaron a llegar rápidamente. En poco tiempo, Ana logró establecer un negocio de repostería desde su hogar, generando ingresos extra significativos que le permitieron contribuir al presupuesto familiar y ahorrar para las vacaciones de sus sueños.

Otra historia inspiradora es la de Juan, un joven apasionado por la fotografía. Juan trabajaba a tiempo completo en una oficina, pero siempre llevaba su cámara a todas partes, capturando momentos especiales. Sus amigos y familiares a menudo le pedían que tomara fotos en eventos y celebraciones. Un día, un amigo le sugirió que ofreciera sus servicios como fotógrafo freelance. Juan creó un portafolio en línea y comenzó a promocionar sus servicios en su tiempo libre. Al principio, sus clientes eran principalmente conocidos, pero con el tiempo, su reputación creció y comenzó a recibir solicitudes de desconocidos. Hoy en día, Juan trabaja menos horas en su empleo principal y dedica más tiempo a su pasión por la fotografía, lo que le ha permitido tener una vida más equilibrada y satisfactoria.

También está el caso de Laura, una diseñadora gráfica que siempre había tenido un talento especial para el dibujo. Laura decidió abrir una tienda en línea para vender sus ilustraciones y diseños en productos como camisetas, tazas y cuadernos. Utilizó plataformas de comercio electrónico que facilitan la impresión bajo demanda, lo que significaba que no necesitaba invertir en grandes cantidades de inventario. A través de las redes sociales y el marketing digital, Laura logró atraer una audiencia considerable. Su tienda en línea no solo le proporcionó ingresos extra, sino que también le dio la oportunidad de trabajar en proyectos creativos y desarrollar su propio estilo artístico.

Otro ejemplo inspirador es el de Carlos, quien tenía un conocimiento profundo sobre reparación de bicicletas. Durante los fines de semana, Carlos solía ayudar a sus amigos a arreglar sus bicicletas de manera gratuita. Un día, un amigo le sugirió que ofreciera sus servicios al público. Carlos creó un pequeño taller en su garaje y comenzó a anunciar sus servicios en su vecindario. La demanda fue alta, y pronto Carlos se encontró trabajando en bicicletas de toda la ciudad. Su reputación de ofrecer un servicio de calidad a un precio justo le permitió expandir su negocio. Hoy en día, Carlos ha convertido su pasión en una fuente constante de ingresos, y ha podido reducir sus horas en su trabajo principal para dedicarse más a su taller.

Finalmente, tenemos la historia de Marta, una profesora de inglés que siempre había disfrutado enseñando. Marta decidió empezar a dar clases particulares en línea para estudiantes que querían mejorar su inglés. Utilizando plataformas de videoconferencia y marketing a través de redes sociales, Marta pudo construir una base sólida de estudiantes. A medida que su reputación creció, también lo hizo su lista de clientes. Marta encontró que dar clases particulares no solo le proporcionaba ingresos extra, sino que también le permitía conectar con personas de todo el mundo y hacer lo que más le apasionaba.

Estas historias de éxito comparten varios elementos en común: todas estas personas encontraron maneras de monetizar sus pasiones y habilidades, empezaron en pequeña escala y utilizaron la tecnología para llegar a una audiencia más amplia. Además, todas ellas demostraron dedicación y perseverancia, lo que les permitió superar los desafíos iniciales y construir negocios exitosos. Sus experiencias nos enseñan que no importa cuán ocupados estemos con nuestras responsabilidades diarias, siempre hay oportunidades para explorar y aprovechar nuestras habilidades y pasiones para generar ingresos adicionales.

Si estás buscando inspiración para comenzar tu propio camino hacia la generación de ingresos extra, estas historias pueden servir como ejemplos poderosos de lo que es posible. Piensa en lo que te apasiona, en las habilidades que tienes y en cómo podrías compartirlas con los demás. Con creatividad, esfuerzo y la disposición para aprender y adaptarte, tú también puedes crear tu propia historia de éxito. No se trata solo de ganar dinero, sino de encontrar maneras de hacer lo que amas y mejorar tu calidad de vida en el proceso.

www.ingramcontent.com/pod-product-compliance
Lightning Source LLC
LaVergne TN
LVHW091110150826
845673LV00002B/763

* 9 7 9 8 2 3 0 8 3 5 2 3 3 *